真宗の学び方

櫻部　建

法藏館

目次

真宗の学び方

一、真宗の学び方

——聖教を読むこと以外に方法はない

真宗教学の学びは、聖教を読むことに尽きる

まず第一に、真宗教学を学ぶといっても、結局それは、聖教《しょうぎょう》を読むこと以外にはありません。

聖教とは、仏陀あるいは親鸞聖人や高僧たちが、言葉によって説き示された教えのことです。

私がここ二、三十年の間に感じているのは、真宗大谷派の宗門のお坊さんたちが、聖教を読まなすぎるということです。ずいぶん真面目に勉強をしている人でも、たとえば曾我量深《そがりょうじん》先生とか金子大栄《かねこだいえい》先生とか、あるいは清沢満之《きよざわまんし》師とか鈴木大拙《すずきだいせつ》師とか、そういう方の書物はよく読んでいるけれど、それでいて肝心の聖教そのものをあまり読んでいないという感じがしてならなかったのです。かねが

ねそういう感じを持っていましたので、真っ先にそのことを挙げました。

真宗教学の学びは、聖教を読むことに始まって、そして聖教を読むことに尽きる。そう言ったらいいと思うのです。それだけのことです。

ただ、「聖教を読む」という言い方をしないで、「聖教に聞く」という言い方が近ごろよくされています。本の標題でも『歎異抄に聞く』とか『正信偈に聞く』とか。これはいかにも浄土真宗のものの考え方に合うように聞こえますが、私は必ずしも賛成できないような気がします。そこには、聖教の文字を自分が読んで理解するのではなく、聖教の文言の上に、あるいは聖教の文言によって法を聞くのだという考え方があるのでしょう。それはいかにも、自力を取り去った謙虚な聞法的精神のように聞こえます。しかし本当にそうでしょうか。実は、聖教に法を聞くというより、私が聖教を読むとき法が私に聞こえる、すなわち本願のいわれが私に至り届くのだ、と言うべきではないでしょうか。やはり、「聖教に聞く」

というのではなく、「聖教を読む」のです。私が読んで法が私の上に聞こえる、そういうのが正しいのではないかと思います。

聖教を読むということでは、『御文』にあるように、わが身の自力でもって勝手に読むということは、もちろんいけません。聖教の言葉に忠実に、自分の考えは交えないで読むということが、大事な心掛けでしょう。しかし、「私が読む」ということを自力の読みだから不可であると考えるのは、「私が念仏する」ということを自力の念仏で不可であると考えるのと同様で、極端な考え方です。「念仏する」とは、「私が念仏する」こと以外にありません。私が称名するところにこそ、仏の呼び声は私に至り届くのです。そこに心づくとき、わが称名が自力のそれではなく他力のおはたらきと知られるのです。

そのため、ともかく読まなければ始まらないのです。聖教を読むということを、改めて認識していただきたいと思います。教学を学ぶといっても、聖教を読むこと以外にない。それしかないと思います。それが一番です。

聖教は本当に難しいのか

近年ことに強く感じていることですが、聖教は難しいものだという先入観があり、簡単に考えてはならん、深遠なものだから深く味わわなければならん、という気持ちだけがえらく先立っている人が多いようです。真面目な人がかえってそうです。

しかし聖教とは何かといえば、それは法を人に伝えるはたらきを持った文書です。そしてそれは、仏のお心、法を人に伝えようというお心から形作られているのですから、聖教それ自体は、本来難しいはずがないのです。聖教が本来難しいものならば、人間には理解することはできないということになります。それでは仏のお心にまったくそぐわないのです。みんなを法に導き入れようというのが仏のお心で、聖教というものはその手段であるわけですから、聖教は初めから難しく書かれているはずがないのです。難しいものだと決めつけて読むから、いよいよ難しくなる。そういうふうに思います。

聖教の中身は法です。「法」という言葉を、普通の日本語で何とか言い表せないかと私はずっと前から考えていますが、今のところは「まことの道理」と言うのが一番いいような気がしています。道理と言わないで、ただ理、まことの理、真理と言えばいいかとも思いますが、真理と言うとまた少し近代語として別な感じで捉えられますので、「まことの道理」とか「真実の理」とか、そういうふうに言えばいいのではないかと、今はそう思っています。

真実の道理が法ですから、その法がわれわれに伝わらなくては、仏のご本意になりません。仏は「まことの道理」を人間に伝えたいというのがそのお心で、伝わるように教えをお説きになったのですから、教えそのものが普通の人間にわからないような言い方、書き方がしてあるはずがないのです。必ずわかるのです。わからないという考えの方が間違いです。お経ではなく親鸞聖人のお書きになったものでも、七高僧らのものでも、みな同じことでしょう。

お経というのは複雑怪奇だったり、えらく深遠で少しくらい読んだだけではわからないとか、そういうふうに思う人が多いようです。けれどそうではなくて、聖教そのものの本質は衆生に呼び掛けている声なのですから、わからないはずはないと思って読めばいいと思います。そういうふうに考えて聖教に臨むのと、難しいものだ、深遠なものだとだけ考えて聖教に臨むのとでは、全然違います。

そう言うと、聖教は簡明だ、わかりやすい、深遠であるが難しくはないなどと思うことが、聖教を軽んじているように聞こえるかもしれません。しかし、それはそう考える方が間違いだと思います。

ただ、聖教を開くときに、自分の考えを先立てたり、自分の考えを既成概念として聖教を読もうとすることは、これは大間違いです。ただ素直に文字通り読んで、自分の考えは出さないで、聖教に示される通りに理解しようという気持ちで読めばいいと思うのです。一読して理解できなければ、繰り返し繰り返し読めばいいのです。

聖教の正しい読み方

聖教を句面のごとく読み、祖意を窺え。

これは住田《すみた》智《ち》見《けん》先生の言葉です。住田先生は、私が十二、三歳のときに亡くなりましたので、私は先生から直接教えを受けたことも、お話を聞いたこともありません。ただ、一度だけお姿を見たことはあります。私がまだ子どものころ、何かのときに静養で宮崎へ行かれるついでに、私の家の寺へお寄りになりました。三十分かそこらお寄りになっただけだったと思います。そのころはまだ珍しかったタクシーを呼んで、父が先生を宮崎へお送りしたことを覚えています。そのときに、私の亡くなった祖母が、偉い先生だよと教えてくれたという、そういうほのかな思い出だけがあります。

私は住田先生が書かれたものだけで先生の教えを受けていますが、この方は真宗大谷派の最後の宗学者だと言っていいと思っています。住田先生がお亡くなりになって、宗学というものは伝統を絶ったような気がします。金子大栄先生や曾我量深先生というような巨人が出られましたが、宗学の形態が変わったばかりでなく、性格が変わったのです。「宗学」から「真宗学」へと。ですから、住田先生は最後の「宗学者」というふうにお呼びしていいのだと私は思います。

その住田先生のこの言葉を、私は同朋大学の学長をしておられた寺倉襄《てらくらのぼる》先生に伺いました。住田先生はいつもこうおっしゃったのだと聞いて、それ以来私のモットーにしています。

「聖教を句面のごとく」。つまりは言葉のままに、文字通りに読めということです。文字通りに読んで、それから「祖意を窺え」というのは、親鸞聖人がどのようにそれをいただいておられたかを考えよ、ということでしょう。聖教を、余計な観念や思念を交えずに、文字通り素直に読んでいく。そして、それが親鸞聖人によってどのように受け取られているかということを、もう聖人に直接お聞きするわけにはいきませんので、「窺え」と住田先生は言っておられるのです。親鸞聖人はどのようにこの聖教の言葉を受け取っておられるのかと、考えよ、推測せよ、というわけです。

そして、

句面のごとく読む ↓ 祖意を窺う ↓ わが身に引き当ててそれを味わう

これが正しい聖教の読み方です。

住田先生のお言葉は、句面のごとく読むということと、祖意を窺うということとの二つだけでしたが、祖意を窺って、次に自分自身の思い、すなわち読者である自分がそれをどういただけるか、自分はどう味わったらいいかということを考える。そういう順序になると思います。だから、まず句面のごとく読み、次に親鸞聖人のお心を窺って、そしてその上で自分の心、自分の生きざまに引き当てて味わうということが最後になければ、聖教が生きてきません。そういう順序で読むべきだと思います。

近代の宗門の知識層の多くには、わが心の思いを先立てて、それを聖教に当てはめようとする向きがありますが、それは誤りだと私は思います。聖教を先に立てるべきで、聖教の言葉を文字通りに読んで、それによって親鸞聖人のお心を窺って、そして最後に、それをわが心に引き当てて考える。そういう順序でないと逆転してしまいます。

二、聖教は何から読めばいいのか

――自分が読みやすいものから読めばいい

聖教を読む順序は、どれを優先的にということはありません。何から読んで次に何を読むという、そういう決まった順序はないだろうというのが私の思いです。人それぞれに、自分の読みやすい順序で読んでいけばいいのだと思います。

こういうことを言うのは、江戸時代までの宗学では、その順序がほぼきちんと決まっていたからです。一番初歩の者はまず何を読む、次に何を読む、というような順序がほぼ決まっていたようです。

明治になってから宗門は、宗門の子弟を教育するために学校を建てました。やがて日本の教育制度が充実してあちこちに中学校などができるようになると、地方のものはなくなりましたが、初めに真宗京都中学と真宗東京中学を、それから地方にそれぞれ教校を建てて、若い人たちを教育したのです。真宗京都中学と真宗東京中学は、当時の宗門きっての学僧を校長にしています。確か、真宗京都中学の最初の校長は南条《なんじょう》文雄《ぶんゆう》先生です。のちの大谷大学の学長です。それから東京の方は村上専精《むらかみせんしょう》博士だったと思います。それらの中学あるいは地方の教校で、教科書に使われたものが残っています。その当時、中学の一年生では何を学び二年生では何を学ぶと、定まった順序が立てられ、その順序で学んでいったようです。それはいかにも高倉学寮以来の伝統のように思います。

そういう順序が立てられる理由はきちんとあったのですから、決してそれが不適当だということではありません。けれども、今日多くの人が高度な教育を受けるような時代になりましたので、必ずしも江戸時代以来明治のころまでの宗学の学場がとったその順序に従って、聖教を読んでいかねばならないということはないだろうと思うのです。決まった順序はないと思って、自分自分で考えて読んでみたらよかろうと思います。

知っておきたい、聖教の違い

ただ、古来もろもろの聖教を「三経・七祖・宗祖・列祖」と区分して、そこに性質の、あるいは格の相違を見たことは、意識しておく必要があると思います。

＊三　経

これはお経で、まさしく仏陀の言葉、仏語そのものですから、もちろん一番格が高いものです。

『無量寿経』（大経）
『観無量寿経』（観経）
『阿弥陀経』（小経）

この三つのお経が、三経にあたります。

＊七　祖

七祖の聖教は、親鸞聖人ご自身がそれを選びとって、そこから学ばれたものですから、三経の次に位します。

七祖とは、親鸞聖人が浄土真宗相承の祖師とされた七人の高僧のことで、七高僧ともいい、それぞれの名前と代表的な聖教を挙げると次のようになります。

一、龍樹《りゅうじゅ》菩薩『十住毘婆沙論』「易行品」
二、天親《てんじん》菩薩『無量寿経優婆提舎願生偈』（浄土論・往生論）
三、曇鸞《どんらん》大師『無量寿経優婆提舎願生偈註』（浄土論註・往生論註）
四、道綽《どうしゃく》禅師『安楽集』
五、善導《ぜんどう》大師『観無量寿経疏』（観経四帖疏・観経疏）

六、源信《げんしん》僧都『往生要集』
七、源空《げんくう》（法然《ほうねん》）上人『選択本願念仏集』（選択集）

＊宗　祖

親鸞聖人ご自身のお書きになったもので、
『顕浄土真実教行証文類』（教行信証）
『浄土文類聚鈔』
『愚禿鈔』
『入出二門偈頌文』
『浄土三経往生文類』
『如来二種回向文』（往還回向文類）
『三帖和讃』

『尊号真像銘文』
『一念多念文意』
『唯信鈔文意』

など、たくさんあります。日本の諸宗派の中で、開祖のお書きになった著作の実物がこんなにたくさん残っている宗派は珍しいでしょう。それも、ご自筆のものがずいぶん残っています。

たとえば近いところで法然上人と比べても、私はあまり詳しいことは知りませんが、法然上人ご自身がお書きになったとしっかり確認できるものはないという話です。主著の『選択集』も、法然上人ご自身の指導によって書かれたに違いないけれども、あの文章を法然上人が全部お書きになったわけではないそうです。有力な門弟方が、それぞれ分担して原稿を作っては、それを法然上人のお目にかけて、完成されたのだと聞きました。

ところが浄土真宗の聖教は、『教行信証』も宗祖ご自筆のものがほとんど全文残っていますし、そのほかにも「仮名聖教」とか「御消息」だとか、ずいぶんたくさんの宗祖ご自筆のものが残っています。これをわれわれは当り前に思っていますが、ちょっと異例なのです。なぜそんなに真筆の聖教が多数残ったかといえば、言うまでもなく、それを伝受した人々が大事に大事に伝えたからです。一方に、地震や火事、あるいは戦乱などの難に遭うことが少なかったために残ったということもあるかもしれません。けれども『教行信証』の坂東本は、まったく田舎の人々によって伝わりました。「御消息」はずいぶんいろいろな手紙が現在三重県の専修寺《せんじゅじ》に残っていますが、いかに地方の門末が、宗祖のお書きになったものを大事に大事に伝えたかということを示していると思います。七百年もの間伝わるということは、容易なことではないのですから。

そういう意味でも、宗祖の聖教というものに対する気持ち、浄土真宗の門末の者たちが持った気持ちというものを、われわれは伝えていかねばならないのでしょう。

＊列　祖

これは昔風の言い方で、今は必ずしもそう言うとはかぎりませんが、親鸞聖人以後の浄土真宗の指導者の方々が書いたものです。それは、覚如《かくにょ》上人の『執持鈔』『口伝鈔』『改邪鈔』や存覚《ぞんかく》上人の『六要鈔』、あるいは蓮如《れんにょ》上人の『御文』などです。

それから例外的ではありますが、たいへん有名なのは、言うまでもなく『歎異抄』です。これは今、唯円《ゆいえん》という弟子が書かれたという考え方がほとんど確立しており、そのことを疑う余地はないでしょうが、ほんの明治のころまでは覚如上人の筆として広く知られていました。そういうこともあって、『歎異抄』も列祖の中に入っていたのです。

列祖という呼び方は、そういう意味では必ずしも適当ではありませんが、親鸞聖人以後に属する聖教と考えたらいいでしょう。

そうすると、三経と七祖の聖教と宗祖ご自身の述作と、それから宗祖以後に成った聖教と、この四部に分類して伝えてきたそのことに、今日聖教を読む場合も無関心であってはならないと思います。

私の経験による、聖教を読む順序の勧め

私は、実は真宗学を勉強したことのない人間です。大谷大学に学んだころは、一番初期のインド仏教のことを専門に勉強し、宗学の研鑽というものを何もした

ことのない人間です。それが、寺に生まれて一時は住職の責任も持ちましたので、四十歳過ぎくらいになってから宗門の聖教をだんだん読むようになりました。そのため勝手な読み方をしている晩学の一人ですが、聖教を読むにあたっての私の考えも述べてみたいと思います。

＊第一……まず『阿弥陀経』、そして『無量寿経』

これは私の考えです。おそらく宗学の伝統にはないし、真宗学の先生からすればおかしいと思われるでしょう。しかし私の経験では、まず『阿弥陀経』を読んで、次に『無量寿経』を、それも、今のみなさんは梵語原文の和訳から読むとよいと思います。

『阿弥陀経』『無量寿経』は、原本すなわちサンスクリット本（梵本）が今日存在しており、その原文梵本からの現代語訳がいくつもできています。最初にその日本語訳を出したのは、南条文雄先生です。南条先生はオックスフォード大学へ留学し、そこで『無量寿経』の梵本をマックス・ミュラー博士が校訂されるのを手伝われました。そして、日本へ帰ってからその和訳を出されたのです。それが、『無量寿経』の梵本から出た最初の和訳です。それ以来今日に至るまで、少なくとも六種類か七種類くらいは『無量寿経』の和訳が出ていると思います。

私が一番お勧めしたいのは、藤田《ふじた》宏達《こうたつ》さんの訳です。藤田さんは北海道大学の名誉教授です。『無量寿経』『阿弥陀経』については宗内の第一人者と言ってもまったく過言ではない人です。その藤田宏達さんの訳が、『梵文和訳　無量寿経・阿弥陀経』（法藏館、一九七五年）という標題で出ています。

また、自分のことに関係するので言いにくいですが、中央公論社に仏教の経典などを原文から翻訳したシリーズがあり、そのシリーズの一冊に『大乗仏典6　浄土三部経』（一九七六年）があります。その中の『無量寿経』『阿弥陀経』

は山口益《やまぐちすすむ》先生と私の共訳です。山口益先生は、大谷大学の学長をされた偉い学者です。この本は、文庫本（二〇〇二年）にもなっているので容易に手に入ります。しかし、それよりも藤田さんの訳の方がいいと思います。親切な註や索引も付いていますし、たいへん読みやすい文章ですから、藤田さんの訳で、まず『無量寿経』の梵文を読むといいでしょう。

その次に、『昭和法要式』（法藏館、一九五九年）の中の『無量寿経』を読むのがいいと思います。『昭和法要式』は漢文の白文で書いてありますが、それを訓読して読むといいです。なぜかというと、『昭和法要式』は、本来の『無量寿経』を半分以下の分量に縮めてあります。いい加減に縮めたのではなくて、大事な部分とされるところを選別して縮めてありますので、これで読むといいでしょう。その上で今度は、『無量寿経』の全文を、上巻と下巻の二巻を続けて、康僧鎧《こうそうがい》訳の文で読むといいと思います。これは『真宗聖典』（東本願寺出版部、一九七八年）

に訓読してあります。

私が若いころは声を出して上下巻を読誦しましたが、今は『無量寿経』を読誦するときはほとんど『昭和法要式』で読誦されますので、若い人などは『無量寿経』の全文を一度も読んだことがないという人も多いと思います。しかし、今言ったように、藤田さんの梵文の和訳でまず一度読んで、それから『昭和法要式』の漢文を読み、そして『無量寿経』の訓読文全部を通して読む。以上の順序で、『無量寿経』を読むといいと思います。

＊第二……浄土真宗の基本的聖教は「正信偈」と「和讃」

お経の次は、親鸞聖人の著述です。それについては、「真宗の僧分たる者は、「正信偈」と「和讃」については、どこを問われても答えられるようにしておけよ」と、住田智見先生が言われたといいます。

これは住田先生の思い出を書いた、ある本に出ている言葉です。「私、住職になりました。住職になった以上お説教をせねばなりませんが、どういう風にしたらよろしいでしょうか」と住田先生に尋ねた人がいて、それに対して先生がこのように言われたというのです。

「正信偈」と『三帖和讃』というものが、浄土真宗の教えを同行の人々に説く場合、数ある親鸞聖人の述作の中で真宗教養の全般に亙っているという点で、一番基本、根本のものだという考えがあり、そうおっしゃったに違いないのです。

＊第三……『教行信証』は、まずご自釈だけをしっかり読む

『教行信証』は、ご自釈だけをしっかり読めばよいと思います。これは私の勝手な言い分で、真宗学の先生には叱られてしまうかもしれません。

『教行信証』には、縦横無尽にたくさんのものが引用してあります。その引用のしかたたるや、悪く言えば勝手な引用のしかた、良く言えば聖人ご自身のご理解を貫いた引用のしかたがしてありますので、あの引用部分をすべて読むというのはたいへんな知識と努力がいります。それこそ、なぜこんな言葉が引かれているのかわけがわからないというところに、迷い込んでしまう危険があります。

『教行信証』はその多くの部分が引用です。引用でない聖人ご自身が書かれた部分をご自釈といって、真宗大谷派では昔から別本が作られていますし、現在も真宗大谷派の『真宗聖典』では、『教行信証』の中のご自釈の部分だけは、その原文を下に添えて他と区別してあります。そのためご自釈の部分はすぐわかります。そこだけをしっかり読めば、それで聖人自身のお書きになった言葉を全部読むことになります。そして、それだけを読むとよくわかります。

ところが、引用されているいろいろなものを一緒に読もうとすると、いったい何をおっしゃりたくてこれをお引きになったのか、はっきりわかるところもありますが、多くの場合はかえってわからなくなってしまうような難しさがあります。ことに最後の「化身土巻」などには、すごく難しいところがあります。あれを読んでいると本当にへこたれてしまいます。それで、聖教は難しい難しいという気分が先立ってしまうのです。だから『教行信証』は、まずご自釈だけをしっかり読むのがいいというのが私の考えです。それでしっかり『教行信証』が腹に入ったら、それから引用部分もだんだん読んでいけばいいと思います。

たとえば、「化身土巻」に『弁正論』からの引用があります。それは中国の学僧が書いた書物です。はじめは道教の道士で、のちに仏教に帰依した人です。この『弁正論』という書物は、その著者が道教よりも仏教が勝れているのだということを書いた本だそうです。それを『教行信証』の「化身土巻」に引いているのですが、たいへん難しいのです。先年、九州の勉強家たちが道教専門の有名な学者であった元京都大学の先生にお願いして『弁正論』の講義をしてもらった内容を、書籍化したものが出ました。『弁正論講話』という書名で出ています。これは道教の専門家が『弁正論』を講釈したものですからよくわかりますが、その中に、『教行信証』の中の『弁正論』の読み方はおかしいということがあちこちに書いてあります。親鸞は『弁正論』の原文の意味を正しく読んでいないと、しばしばその先生は言っています。そういうものを、われわれが一生懸命自分で読もうとすると、労多くして迷いが噴出してきてたいへんです。

しっかりご自釈を読んで聖人のお考えを腹に入れておいてから、引用部分を読むというのが順序です。引用部分までしっかり読むことはもちろん結構なことですが、たいへんです。まずご自釈をしっかり読みなさい、それだけ読むのならそう難しくはありませんよと、私は言いたいのです。

ともかく、ご自釈だけを取り出して、まずそれをしっかりと読もうという伝統は、真宗大谷派に昔からあり、それは一つの勝れた読み方だと思います。

＊第四……『歎異抄』はあまり気軽に読むべきではない

『歎異抄』について、蓮如上人の戒めがあります。「聖教を読み習わぬ者が無造作にそれを読むと、思い誤ることがあるぞ」という戒めです。初歩の者、初心の者に、無造作に『歎異抄』を読ませるんじゃないぞというこの言葉が、蓮如上人の筆で残っています。『歎異抄』を蓮如上人が写本されて、その後に、これは当流大事の書だからいい加減な者に見せるんじゃないぞと書いてあるのです。

それが近代の学者たちの中にとんでもない取り違えを生んで、蓮如以来浄土真宗の宗門は『歎異抄』を秘本とした、秘密の書物にして公開しなかったんだ、というようなことを言っている人がいます。それはまったくの誤りで、秘本でも何でもありません。江戸時代に、『歎異抄』は何回も刊行されています。それを、江戸時代には秘密の書物だったが明治になって清沢満之師が初めてその価値を見出し再認識されることになったという、思い違いの議論があります。宗門内の人でもそんなことを言っている人がいますが、それはまったくの誤りです。もう刊行されていたのですから、読もうと思えば読めたのです。『真宗仮名聖教』の中にも『歎異抄』はしっかりと入っていました。

蓮如上人の言葉は、よくわからない者が『歎異抄』を無造作に読むと取り違えをすることがあるという戒めであって、それは今も意味のある注意だと思います。『歎異抄』だけを読めばいいというような考え方ではなく、やはり三経や七祖の聖教を広く読んで、それで『歎異抄』を味わい返すということが必要ではないでしょうか。『歎異抄』はあまりにも有名なために、こういうことを言っておきたいと思います。

三、漢字・漢文に親しむためには

——やり方しだいで容易に読める

聖教は、漢字・漢文が多いというよりも、漢字・漢文に満ち満ちています。

しかし現在の日本人の多くは、漢字・漢文に親しみを失い、そのセンスを少なからず喪失しています。それは、実は戦後のことだけではありません。私自身は戦前の教育を受けた者ですが、その私自身が、明治の人と自分たちとは違うな、漢字・漢文に対するセンスを自分たちは大きく失っているな、ということを若いころからたびたび感じました。それが、今はさらに大きくなっています。私たちが明治までの人と比べて漢字・漢文の知識やセンスを大きく失っているのに、その私たちに比べても、若い人たちは、はるかに漢字・漢文に対する親しみがなくなっているのです。

日本人の目に触れる仏典というものは、ほとんど漢字・漢文に満ち満ちていますので、そのセンスを大きく失ったということは、仏典を読む上には、もう致命的と言ってもいいくらい大きな問題です。ですから私は、その点はもう少し宗門もわれわれも考えねばならないということを常々思います。

みなさんは、聖教を読もうとする限り、漢字・漢文の読解力を鍛えていかねばなりません。そして実はそれは、思うほど難儀なことではないのです。漢字・漢文というものは、親しんでいれば、比較的容易に読めるようになります。つまり、親しまないからいけないということを言いたいのです。漢字・漢文はそれに親しみさえすれば、決してやたらに難儀なものではないと思います。

そこで、私自身の考えですが、漢字・漢文に親しむための方法を挙げます。

まずは面倒がらずに字引を引く

これは癖です。癖をつけると、わからない字が出てきたら、引かずにはおれないようになります。つい面倒だからと見過ごしてしまいやすいのですが、そうしないで、一字一字、信頼できる漢字辞典を引く癖をつけるのです。そんな面倒臭いことできるかと思われるかもしれません。しかし実際やってみると、引くこともだんだん上手になりますので、わりと簡単に引けるようになるし、そして字引を引いてみると、きっとそのたびに新しい発見があります。なるほどこういう意味かというような発見が次々とあります。

もちろん仏典の漢字・漢文は普通のものとはちょっと違うので、独特な意味があることもありますが、漢字そのものの本来の意味を知ると、根底から理解ができます。その上でまた、仏教特有の術語の意味を知るには、仏教辞典を引けばいいわけです。仏教辞典も、このごろは簡便なものが出ています。

まず漢字の字引を引き、その上で仏教語については仏教の辞典を引く。それはひどく面倒なことと思われるかもしれませんが、やって癖がつくとそれほど難儀なことではありません。また、字引を引いて意味を根底から理解する癖がつくと、自然に引かずにはおれなくなります。

日々の勤行からわかること

それから、朝夕の勤行のときは、声明本を手にとって文字を見ながらはっきり発音してお勤めをします。そして和讃や『御文』は日々繰り読みをします。つまり毎日同じ和讃ばかり上げるというようなことをしないで、日ごとに次々と違う和讃を上げていきます。そういうことが、知らず知らずのうちにわれわれを聖教の漢字・漢文に親しませるわけです。

朝晩のお勤めで、しっかりと文字を見て声をはっきり出してお勤めすると、そのうちに、べつに努力しなくても自然に漢語のセンスが発達します。それから仏教語というものの自然の気分がわかるようになります。そうしたのち、わからない語については仏教辞典を引くと、ああそういうことだな、それであいうふうにおっしゃったのだなというように合点がいくのです。そのため「正信偈」のお勤めなどでも、文字を見ながらするのと漫然と暗誦するのとでは、同じお勤めをしていても大いに違うのです。

現代語訳を活用し、また自ら現代語訳を試みる

真宗の聖教の現代語訳は、現在かなりいろいろ出ています。こう言っては悪いですが、へんてこな訳もあります。いろいろありますので、大いに利用して、読

み比べるといいでしょう。ただし必ず、原文と読み比べないといけません。原文を読まないで現代語訳だけ読んで、読んだ気になっていてはいけないのです。それは読んだことになりません。原文を読むときに、現代語訳と読み比べて読んでいけるということは、現代語訳がたくさんできた時代の恵みですので、大いにそれを利用すればいいと思います。

現代語訳の多いものは、『無量寿経』(梵文)と『歎異抄』です。『歎異抄』のような微妙な文章を、よく訳されたと思います。『教行信証』の英訳は、坂東《ばんどう》性《しょう》純《じゅん》さんの訳があります。

そして、ときには自らも聖教の現代語訳を試みてみるといいでしょう。「正信偈」とか『教行信証』とかの、自分の現代語訳を作ることをみなさんにお勧めしたいと思います。私は『教行信証』「行巻」のご自釈を自分で現代語訳して、時々読み返して修正しています。いつ完成するかはわかりませんが、ご自釈の部分だけでも全部訳を作りたいと思っています。ともかく、そういう試みをみなさんご自身でされるといいです。人の現代語訳を読むだけではなくて、自分で作ってみると楽しいと思います。

真宗門徒のある英語の先生が、『教行信証』を読んでみたいという気持ちを持ち、読み始めてみたそうです。けれども全然歯が立たなくて、やめた。そうしたら、お前は英語ができるのだから英訳で読んだらどうか、鈴木大拙先生の英訳がある、と教えてくれた人があり、それで読んでみたら英訳の方がわかりやすいと喜んでいたという話があります。

訳は、あればどんどん利用すればいいのです。そして、自分も現代語訳というものを試みるとよいでしょう。ただ一つの訳だけで完璧というものはどこにもありませんので、原文と読み比べ、それから他の訳と読み比べたりすることができるのは、まことにありがたいことだと思います。

四、「教・行・証」が示すもの

――聖教を読むとき、私に法が近づき、そして念仏は私が称える最後に、実はこれが一番言いたかったことです。

「教・行・信・証」という四語を並べたものは親鸞聖人独特の用語ですが、「教・行・証」という言い方ははるか昔からあります。その「教・行・証」という三語の本義について説明します。

「教」の本義

「教」というのは、つまり聖教です。親鸞聖人は、教とは「『大無量寿経』これなり」（『教行信証』「教巻」）とおっしゃっています。しかし「教」という語は、一般的に言えば、『大無量寿経』だけに限られるわけではありません。われわれにとっては『大無量寿経』が「真実の教」ですが、およそお経というものはすべて教であり、すなわち聖教は、文字・言葉の形をとった「法」の人間への近づき・呼びかけです。

つまり、「法」というのは先に述べたように（一二頁）真実の道理、まことの理であり、そのまことの理が言葉という形をとって人間に近づくのです。言葉という形をとらなければ、道理は人間に近づきようがないわけです。人間の側からもまた、直ちには「法」に近づきようがありません。ところが、文字・言葉という形態をとって、お経は現にここにあります。それを通して、われわれはまことの理に近づけるのです。

私の方から言えば、私がまことの理に近づくのですが、「法」の方から言えば、「法」、まことの理が、聖教の言葉という形をもって私ら人間の方に近づき呼びかけていると言えます。聖教とはそういうものだと私は理解しています。だから決して難しいはずがないと言ったのも、その意味です。

「証」の本義

次は「行」ですが、「行」はあとにして「証」の説明をします。

「証」は、「法」が人間に至り届き人間の身についたのが「証」です。「法」が人間の方に呼びかけ近づいてきて、人間のところまで至り届いて、人間の身についたものとなったとき、それがすなわち「証」です。そのため、「教」も「証」もその実体というか実質は、「法」そのものなのです。

「法」というまことの道理が、文字・言葉の形体をとって人間に呼びかけるとき、それは「教」、つまり聖教。聖教がわれわれの身について、われわれの中にはたらくとき、それはすなわち「証」。さとり、と呼ばれます。そういうことですから、「教」と「証」とは別なものではありません。その実質・実体は「法」

そのものであって、「法」が「教」として人間に呼びかける、「証」として人間の身に至りつく。そういうものだと考えるべきです。

これは、なにも浄土真宗の考え方についてだけ言っているわけではありません。「教」「証」は、すべての仏教においてそう理解されています。古い仏典の中で、そういう説明はあちこちにされています。たとえば有名な『倶舎論』という書物は仏教の教義を理論づけた最初の学術書ですが、その中にも書いてありますし、パーリ語の仏典註釈書やチベット仏教の釈義書の中にもそういうことが説かれています。ですからそれは、小乗とか大乗とか浄土真宗とか禅宗とかに限らず、およそ全仏教の基本的な考え方です。

「教」というのも「証」というのも、ともに「法」の態であり、それはすなわち仏のはたらきによる「法」の表れです。「法」の表れが仏のはたらきの表れだと、わざわざ繰り返しておりますが、「法」と「仏」とは別なものではありません。「法」も「仏」も、実は同じ真実の展開なのです。

「法」というのは仏が説いた教え、「仏」というのは法を説く存在、と考えると、「法」と「仏」とは明らかに別です。しかし実は、「仏」というのは「法」が形・はたらきを表してきた姿です。

「法」は、時・所を超えたまことの道理だから色も形もありません。その色も形もないまことの道理、それを直ちに「仏」の名をもって呼ぶとき、それがすなわち法身仏です。仏教全体を通じてそういう理解がありますし、親鸞聖人もその通りに理解しておられるように思います。聖人は、法身仏というものは「いろもなし、かたちもましまさず」（『唯信鈔文意』）と説かれています。法身仏とは、法を身体とする仏という意味です。それは「仏」と呼ばれても、実は「法」、まことの理そのものですから、色・形もなく動きもありません。その「法」の在り方は、ただ、無限の静寂態としか言いようがないのです。

しかも、その「法」が、まさしく形・動きを具えた「仏」として、無限の活動体として、この世に現れ出ることをも仏教は教えます。すなわち、「法」が「仏」に転現するのです。動きなきまことの理が、無限の慈悲のはたらきとして現れる。それは、つまり「法」が「仏」として現れ出るということです。

「行」の本義

以上、「教」と「証」とを説明して、「教」というのも「証」というのもその実は「法」にほかならない、ということを説明しました。ところが、「行」はそうではありません。

「行」は行者（人間）のなす実践ですから、「法」につくのでなく「人（にん）」

につきます。「教」と「証」とは「法」につくというか「法」そのものなのですが、「行」はそうではないのです。真宗的な言葉で機・法という言葉が使われますが、その機とは人間の動きです。「法」はまことの道理です。「行」は機、すなわち人間につくのです。人間が行ずる。人間の実践です。人が教えのままに実動するとき、その人の上に「行」が現前します。だから「教」と「証」は「法」そのものですが、「行」は「法」に従う人間の実践です。これもまた、広く仏教に通じた考え方です。

われわれにとって、「行」は言うまでもなく、仏のみ名を呼ぶことです。それを親鸞聖人ははっきりおっしゃっています。「無碍光如来の名を称するなり」（『教行信証』「行巻」）と。

「行」は仏のみ名を呼ぶことですが、それが他力の行であると強調されるところから、ときに誤解が生まれることがあります。われらが称名するならばそれは自力の行ではないか、という解釈です。称名するその声は、われらの煩悩に汚れた身体から出るのだし、それではその念仏は自力の行ではないのかと。それは明らかな誤解です。

わが心はいつわりの多い心のままであるのに、称える念仏は他力の清浄真実の行、他力の行であるのは、その行が如来の慈悲にもとづき如来の本願から出ているからです。念仏は、他力によって願われ成就され、われらに与えられた「行」ですが、しかしそれは他力の「行じ」たもうところではありません。われらが行ずる、実践するのです。人間に仏の側から与えられた実践の形を、人間が実践するのです。そのためわれわれが本願の勅命のままに帰命して、「なむあみだぶつ」とみ名を呼ぶ。それを行ずるのはわれわれで、仏が行ぜられるわけでも他力が行ぜられるわけでもありません。

他力の行と言うと、なにか仏さまの方が行じなさると思われるようです。しかし、さきほど説明したように、「教」と「証」は「法」の表れで、「法」が「教」として表れ「証」として身につくのだけれども、「行」は人間の実践で、人間が行ずるところに、「教」が「証」としてその行者の身につく。こういうふうに考えるべきものだと、私は思います。これは浄土真宗とか浄土門に限らず、仏教を通じて、「行」といえばそういうことでしょう。

浄土門において語られる「教」も「証」も、もちろん「法」のはたらきであるけれども、「法」が仏としてはたらかれるそのはたらきの方へ、その面へ目をつけ、その面を重んじて領解されているように思います。「法」の表れというよりも、むしろ「仏」の表れ、仏の慈悲の表れとして「教」があり、「証」があると考える、そういう考え方がわれわれには先立つと思います。

そのため、「教」も「証」も「法」だと言いますから、浄土真宗、浄土門的にいうと、「教」も「証」も仏だ、仏の慈悲だ、と言ってもいいでしょう。しかし

「行」は仏ではありません。仏が願われ、仏がその慈悲よりわれわれに与えられたのですが、仏が行ぜられるわけではないのであって、行ずるのはわれわれです。われわれが念仏を称えるという実践以外に、「行」はありません。

あとがき

本書は真宗大谷派赤羽別院において、二〇〇四年二月六日に「教学の学び方」と題して話された講義をもとに、櫻部建先生に改めて加筆訂正していただいたものです。

親鸞聖人七百五十回御遠忌の尊い勝縁を迎えましたが、依然として「お念仏の声が聞こえない」という宗門情況は改善されていません。この念仏低迷の原因は本書にもあるように、私ども僧分のものがお聖教をあまり読まなくなったことに収斂されます。浄土真宗の発展、お念仏の声の再興を期し、この書物が大谷大学の学生をはじめ真宗学を学ぶすべての方々に手引書としていただけたら幸甚に存じます。

櫻部先生におかれましては、御高齢により目が不自由になっておられたにも拘らず、一文字一文字ルーペを使いながら校正の労をいただきましたこと、ここに厚く御礼申し上げます。

また、法蔵館の満田みすず様、学友の鷲山晶之さんには出版にあたって大変な御尽力をいただきましたこと、この場を借りて深謝申し上げます。

合掌

二〇一一年一〇月

聖法寺　天野　明

櫻部　建（さくらべ　はじめ）

1925年生まれ。元大谷大学教授。文学博士。
著書に、『倶舎論の研究』『倶舎論の原典解明・賢聖品』（法藏館）、『仏教語の研究』『阿含の仏教』（文栄堂書店）、『仏教と真宗と』Ⅰ～Ⅳ（平楽寺書店）などがある。

真宗の学び方

二〇一一年一一月二八日　初版第一刷発行

著　者　櫻部　建
発行者　西村明高
発行所　株式会社　法藏館
京都市下京区正面通烏丸東入
郵便番号　六〇〇-八一五三
電話　〇七五-三四三-〇〇三〇（編集）
〇七五-三四三-五六五六（営業）

装幀　井上二三夫
印刷　リコーアート・製本　清水製本所

ISBN 978-4-8318-8702-3 C0015